개 역 개 정 · 신 약 성 경 쓰 기

요한복음 상

하나님이
세상을 이처럼 사랑하사
독생자를 주셨으니
이는 그를 믿는 자마다
멸망하지 않고
영생을 얻게 하려 하심이라

_요 3:16

우슬북

구약성경 통독표

순번	성경 목록	장	절	평균통독 시간/분	순번	성경 목록	장	절	평균통독 시간/분
1	창세기	50	1,533	203	21	전도서	12	222	31
2	출애굽기	40	1,213	162	22	아가	8	117	16
3	레위기	27	859	115	23	이사야	66	1,292	206
4	민수기	36	1,287	165	24	예레미야	52	1,364	300
5	신명기	34	959	147	25	예레미야애가	5	154	20
6	여호수아	24	658	99	26	에스겔	48	1,273	201
7	사사기	21	618	103	27	다니엘	12	357	62
8	룻기	4	85	14	28	호세아	14	197	30
9	사무엘상	31	810	136	29	요엘	3	73	11
10	사무엘하	24	695	113	30	아모스	9	146	23
11	열왕기상	22	816	128	31	오바댜	1	21	4
12	열왕기하	25	719	121	32	요나	4	48	7
13	역대상	29	942	119	33	미가	7	105	17
14	역대하	36	822	138	34	나훔	3	47	8
15	에스라	10	280	42	35	하박국	3	56	9
16	느헤미야	13	406	61	36	스바냐	3	53	9
17	에스더	10	167	29	37	학개	2	38	6
18	욥기	42	1,070	115	38	스가랴	14	211	33
19	시편	150	2,461	275	39	말라기	4	55	11
20	잠언	31	915	92		합 계	929	23,144	3,381

신약성경 통독표

순번	성경 목록	장	절	평균통독 시간/분	순번	성경 목록	장	절	평균통독 시간/분
1	마태복음	28	1,071	130	15	디모데전서	6	113	14
2	마가복음	16	678	81	16	디모데후서	4	83	11
3	누가복음	24	1,151	138	17	디도서	3	46	6
4	요한복음	21	879	110	18	빌레몬서	1	25	2
5	사도행전	28	1,007	127	19	히브리서	13	303	41
6	로마서	16	433	58	20	야고보서	5	108	14
7	고린도전서	16	437	57	21	베드로전서	5	105	15
8	고린도후서	13	256	37	22	베드로후서	3	61	9
9	갈라디아서	6	149	19	23	요한1서	5	105	15
10	에베소서	6	155	18	24	요한2서	1	13	2
11	빌립보서	4	104	14	25	요한3서	1	15	2
12	골로새서	4	95	12	26	유다서	1	25	4
13	데살로니가전서	5	89	12	27	요한계시록	22	404	61
14	데살로니가후서	3	47	6		합 계	260	7,957	1,015

구약성경	39권	23,144절	1,006,953문자	352,319단어	평균 통독시간	56시간
신약성경	27권	7,957절	315,579문자	110,237단어	평균 통독시간	17시간

우리는 성경을 읽지만, 세상은 우리를 읽습니다!

성경은 세상의 모든 책을 담을 수 있는 가장 큰 그릇입니다.
성경 필사는 단순히 베끼어 쓰는 게 아니라, 눈으로 말씀을 읽고 손으로 쓰면서 머리로 생각하는 작업입니다.
눈과 손, 머리를 동시에 동원하므로 성경 필사는 오래전부터 그 효과가 입증된 글쓰기 훈련법입니다.
세계적으로 저명한 사람들은 필사의 경험 없는 사람이 없습니다.

손과 종이 위에 연필 끝이 만나는 순간 미묘한 시간차가 발생합니다. 필사가 제공하는 틈 그 순간에 머리는
가만히 있지 않습니다. 단어와 문장을 거슬러 올라가고 맥락을 헤아리고 성경 말씀을 되새김질 합니다.
또한 눈으로 읽을 때는 미처 보지 못한 내용을 필사 과정에서 발견하고 깨달을 수 있습니다.

성경 필사는 하나님 말씀이 생명력 있게 살아나게 하는 작업입니다. 하나님 말씀이 우리의 마음에 가득할 때,
하나님은 우리의 소원과 기도 제목을 들으시고 이루어 주실 것입니다. 성경의 진리를 오직 말씀과 성령의
조명으로 해석하여 교리를 세우고 모든 삶의 기준과 원칙으로 적용한 청교도처럼, 예수를
가장 잘 믿으며 가장 순수한 신앙으로 살아가는 "크리스천"이 되기를 소망합니다.

엮은이 김영기

우슬북 성경 쓰기 시리즈 특징 · · · ·

필사와 통독의 기쁨을 함께~!

볼펜, 만년필로 성경 쓰기 편한 고급 재질의 종이 사용

[우슬북 신약성경 쓰기 시리즈❹ 요한복음]
은 유성볼펜이나 만년필 사용에 적합하도록 도톰하고 고급스런 광택이 나는 재질의 종이를 사용하였습니다.

성경 쓰기 편하도록 페이지가 180도 펼쳐지는 고급 제본

[우슬북 신약성경 쓰기 시리즈❹ 요한복음]
은 책을 펼친 중간 부분이 걸리지 않도록 페이지가 완전히 펼쳐지는 180도 고급 제본을 사용하였습니다.

10여 년의 경험으로 성경 읽고 쓰기 편안한 글씨체 사용

[우슬북 신약성경 쓰기 시리즈❹ 요한복음]
은 통독을 겸한 필사가 가능하도록 읽고 쓰면서 스트레스 받지 않는 글씨체를 10여 년의 실패와 경험으로 선정, 사용하였습니다.

따라쓸 수 있는 한자 병기로 말씀 묵상의 극대화

[우슬북 신약성경 쓰기 시리즈❹ 요한복음]
은 긍정적이고 따라쓰기 쉬운 한자(漢字)를 병기(倂記)하여 깊은 묵상을 극대화하였습니다.

말씀이 육신이 되시다

1

¹ 태초에 말씀이 계시니라
이 말씀이 하나님과 함께 계셨으니
이 말씀은 곧 하나님이시니라

² 그가 태초에 하나님과 함께 계셨고

³ 만물이 그로 말미암아 지은 바 되었으니
지은 것이 하나도 그가 없이는 된 것이 없느니라

⁴ 그 안에 생명(生命)이 있었으니 이 생명은 사람들의 빛이라

⁵ 빛이 어둠에 비치되 어둠이 깨닫지 못하더라

⁶ 하나님께로부터 보내심을 받은 사람이 있으니
그의 이름은 요한이라

⁷ 그가 증언하러 왔으니 곧 빛에 대하여 증언하고

모든 사람이 자기로 말미암아 믿게 하려 함이라

8 그는 이 빛이 아니요 이 빛에 대하여 증언하러 온 자라

9 참 빛 곧 세상에 와서 각 사람에게 비추는 빛이 있었나니

10 그가 세상에 계셨으며
세상은 그로 말미암아 지은 바 되었으되
세상이 그를 알지 못하였고

11 자기 땅에 오매 자기 백성이 영접하지 아니하였으나

12 영접하는 자 곧 그 이름을 믿는 자들에게는
하나님의 자녀가 되는 권세를 주셨으니

13 이는 혈통으로나 육정으로나 사람의 뜻으로 나지 아니하고
오직 하나님께로부터 난 자들이니라

14 말씀이 육신이 되어 우리 가운데 거하시매

우리가 그의 영광을 보니 아버지의 독생자(獨生子)의 영광이요
은혜와 진리가 충만하더라

15 요한이 그에 대하여 증언하여 외쳐 이르되
내가 전에 말하기를 내 뒤에 오시는 이가 나보다 앞선 것은
나보다 먼저 계심이라 한 것이 이 사람을 가리킴이라 하니라

16 우리가 다 그의 충만한 데서 받으니 은혜 위에 은혜러라

17 율법은 모세로 말미암아 주어진 것이요
은혜와 진리는 예수 그리스도로 말미암아 온 것이라

18 본래 하나님을 본 사람이 없으되
아버지 품 속에 있는 독생하신 하나님이 나타내셨느니라

세례 요한의 증언
19 유대인들이 예루살렘에서

제사장들과 레위인들을 요한에게 보내어
네가 누구냐 물을 때에 요한의 증언이 이러하니라

20 요한이 드러내어 말하고 숨기지 아니하니
드러내어 하는 말이 나는 그리스도가 아니라 한대

21 또 묻되 그러면 누구냐 네가 엘리야냐 이르되 나는 아니라
또 묻되 네가 그 선지자냐 대답하되 아니라

22 또 말하되 누구냐 우리를 보낸 이들에게 대답하게 하라
너는 네게 대하여 무엇이라 하느냐

23 이르되 나는 선지자 이사야의 말과 같이 주의 길을
곧게 하라고 광야에서 외치는 자의 소리로라 하니라

24 그들은 바리새인들이 보낸 자라

25 또 물어 이르되 네가 만일 그리스도도 아니요

엘리야도 아니요 그 선지자도 아닐진대
어찌하여 세례를 베푸느냐

²⁶요한이 대답하되 나는 물로 세례를 베풀거니와
너희 가운데 너희가 알지 못하는 한 사람이 섰으니

²⁷곧 내 뒤에 오시는 그이라
나는 그의 신발끈을 풀기도 감당하지 못하겠노라 하더라

²⁸이 일은 요한이 세례 베풀던 곳
요단 강 건너편 베다니에서 일어난 일이니라

하나님의 어린 양을 보라

²⁹이튿날 요한이 예수께서 자기에게 나아오심을 보고 이르되
보라 세상 죄를 지고 가는 하나님의 어린 양이로다

³⁰내가 전에 말하기를 내 뒤에 오는 사람이 있는데

나보다 앞선 것은 그가 나보다 먼저 계심이라 한 것이
이 사람을 가리킴이라

³¹나도 그를 알지 못하였으나
내가 와서 물로 세례를 베푸는 것은
그를 이스라엘에 나타내려 함이라 하니라

³²요한이 또 증언하여 이르되
내가 보매 성령이 비둘기 같이 하늘로부터 내려와서
그의 위에 머물렀더라

³³나도 그를 알지 못하였으나 나를 보내어
물로 세례를 베풀라 하신 그이가 나에게 말씀하시되

성령이 내려서 누구 위에든지 머무는 것을 보거든
그가 곧 성령으로 세례를 베푸는 이인 줄 알라 하셨기에

³⁴내가 보고 그가 하나님의 아들이심을 증언하였노라 하니라

요한의 두 제자

³⁵또 이튿날 요한이 자기 제자 중 두 사람과 함께 섰다가

³⁶예수께서 거니심을 보고 말하되 보라 하나님의 어린 양이로다

³⁷두 제자가 그의 말을 듣고 예수를 따르거늘

³⁸예수께서 돌이켜 그 따르는 것을 보시고 물어 이르시되
무엇을 구하느냐 이르되 랍비여 어디 계시오니이까 하니
(랍비는 번역하면 선생이라)

³⁹예수께서 이르시되 와서 보라
그러므로 그들이 가서 계신 데를 보고 그 날 함께 거하니
때가 열 시쯤 되었더라

⁴⁰요한의 말을 듣고 예수를 따르는 두 사람 중의 하나는

시몬 베드로의 형제 안드레라

⁴¹그가 먼저 자기의 형제(兄弟) 시몬을 찾아 말하되
우리가 메시야를 만났다 하고 (메시야는 번역하면 그리스도라)

⁴²데리고 예수께로 오니 예수께서 보시고 이르시되
네가 요한의 아들 시몬이니 장차 게바라 하리라 하시니라
(게바는 번역하면 베드로라)

빌립과 나다나엘을 부르시다

⁴³이튿날 예수께서 갈릴리로 나가려 하시다가
빌립을 만나 이르시되 나를 따르라 하시니

⁴⁴빌립은 안드레와 베드로와 한 동네 벳새다 사람이라

⁴⁵빌립이 나다나엘을 찾아 이르되 모세가 율법에 기록하였고
여러 선지자가 기록한 그이를 우리가 만났으니

요셉의 아들 나사렛 예수니라

⁴⁶나다나엘이 이르되 나사렛에서 무슨 선한 것이 날 수 있느냐
빌립이 이르되 와서 보라 하니라

⁴⁷예수께서 나다나엘이 자기에게 오는 것을 보시고
그를 가리켜 이르시되 보라 이는 참으로 이스라엘 사람이라
그 속에 간사한 것이 없도다

⁴⁸나다나엘이 이르되 어떻게 나를 아시나이까
예수께서 대답하여 이르시되 빌립이 너를 부르기 전에
네가 무화과나무 아래에 있을 때에 보았노라

⁴⁹나다나엘이 대답하되 랍비여 당신은 하나님의 아들이시요
당신은 이스라엘의 임금이로소이다

⁵⁰예수께서 대답하여 이르시되

내가 너를 무화과나무 아래에서 보았다 하므로 믿느냐
이보다 더 큰 일을 보리라

⁵¹ 또 이르시되 진실로 진실로 너희에게 이르노니
하늘이 열리고 하나님의 사자들이 인자 위에
오르락 내리락 하는 것을 보리라 하시니라

가나의 혼례

2 ¹ 사흘째 되던 날 갈릴리 가나에 혼례(婚禮)가 있어
예수의 어머니도 거기 계시고

² 예수와 그 제자들도 혼례에 청함을 받았더니

³ 포도주가 떨어진지라 예수의 어머니가 예수에게 이르되
저들에게 포도주가 없다 하니

⁴ 예수께서 이르시되 여자여 나와 무슨 상관이 있나이까

내 때가 아직 이르지 아니하였나이다

5 그의 어머니가 하인들에게 이르되
너희에게 무슨 말씀을 하시든지 그대로 하라 하니라

6 거기에 유대인의 정결 예식을 따라
두세 통 드는 돌항아리 여섯이 놓였는지라

7 예수께서 그들에게 이르시되
항아리에 물을 채우라 하신즉 아귀까지 채우니

8 이제는 떠서 연회장에게 갖다 주라 하시매 갖다 주었더니

9 연회장은 물로 된 포도주를 맛보고도 어디서 났는지
알지 못하되 물 떠온 하인(下人)들은 알더라
연회장이 신랑을 불러

10 말하되 사람마다 먼저 좋은 포도주를 내고

취한 후에 낮은 것을 내거늘
그대는 지금까지 좋은 포도주를 두었도다 하니라

11 예수께서 이 첫 표적을 갈릴리 가나에서 행하여
그의 영광을 나타내시매 제자들이 그를 믿으니라

12 그 후에 예수께서 그 어머니와 형제들과 제자들과 함께
가버나움으로 내려가셨으나
거기에 여러 날 계시지는 아니하시니라

성전을 깨끗하게 하시다

13 유대인의 유월절이 가까운지라
예수께서 예루살렘으로 올라가셨더니

14 성전 안에서 소와 양과 비둘기 파는 사람들과
돈 바꾸는 사람들이 앉아 있는 것을 보시고

15 노끈으로 채찍을 만드사 양이나 소를 다 성전에서 내쫓으시고
돈 바꾸는 사람들의 돈을 쏟으시며 상(床)을 엎으시고

16 비둘기 파는 사람들에게 이르시되 이것을 여기서 가져가라
내 아버지의 집으로 장사하는 집을 만들지 말라 하시니

17 제자들이 성경 말씀에 주의 전을 사모하는 열심이
나를 삼키리라 한 것을 기억하더라

18 이에 유대인들이 대답하여 예수께 말하기를
네가 이런 일을 행하니 무슨 표적을 우리에게 보이겠느냐

19 예수께서 대답하여 이르시되
너희가 이 성전을 헐라 내가 사흘 동안에 일으키리라

20 유대인들이 이르되 이 성전은 사십육 년 동안에 지었거늘
네가 삼 일 동안에 일으키겠느냐 하더라

²¹그러나 예수는 성전된 자기 육체를 가리켜 말씀하신 것이라

²²죽은 자 가운데서 살아나신 후에야
제자들이 이 말씀하신 것을 기억하고
성경과 예수께서 하신 말씀을 믿었더라

예수는 사람의 마음속을 아신다

²³유월절에 예수께서 예루살렘에 계시니 많은 사람이
그의 행하시는 표적을 보고 그의 이름을 믿었으나

²⁴예수는 그의 몸을 그들에게 의탁하지 아니하셨으니
이는 친히 모든 사람을 아심이요

²⁵또 사람에 대하여 누구의 증언도 받으실 필요가 없었으니
이는 그가 친히 사람의 속에 있는 것을 아셨음이니라

예수와 니고데모

3 ¹ 그런데 바리새인 중에 니고데모라 하는
사람이 있으니 유대인의 지도자라

² 그가 밤에 예수께 와서 이르되 랍비여
우리가 당신은 하나님께로부터 오신 선생인 줄 아나이다

하나님이 함께 하시지 아니하시면
당신이 행하시는 이 표적을 아무도 할 수 없음이니이다

³ 예수께서 대답하여 이르시되 진실로 진실로 네게 이르노니
사람이 거듭나지 아니하면 하나님의 나라를 볼 수 없느니라

⁴ 니고데모가 이르되 사람이 늙으면 어떻게 날 수 있사옵나이까
두 번째 모태에 들어갔다가 날 수 있사옵나이까

⁵ 예수께서 대답하시되 진실로 진실로 네게 이르노니
사람이 물과 성령으로 나지 아니하면

하나님의 나라에 들어갈 수 없느니라

6 육으로 난 것은 육이요 영으로 난 것은 영이니

7 내가 네게 거듭나야 하겠다 하는 말을 놀랍게 여기지 말라

8 바람이 임의로 불매 네가 그 소리는 들어도
어디서 와서 어디로 가는지 알지 못하나니
성령으로 난 사람도 다 그러하니라

9 니고데모가 대답하여 이르되
어찌 그러한 일이 있을 수 있나이까

10 예수께서 그에게 대답하여 이르시되
너는 이스라엘의 선생으로서 이러한 것들을 알지 못하느냐

11 진실로 진실로 네게 이르노니
우리는 아는 것을 말하고 본 것을 증언하노라

그러나 너희가 우리의 증언을 받지 아니하는도다

12 내가 땅의 일을 말하여도 너희가 믿지 아니하거든
하물며 하늘의 일을 말하면 어떻게 믿겠느냐

13 하늘에서 내려온 자 곧 인자 외에는
하늘에 올라간 자가 없느니라

14 모세가 광야에서 뱀을 든 것 같이 인자도 들려야 하리니

15 이는 그를 믿는 자마다 영생을 얻게 하려 하심이니라

16 하나님이 세상을 이처럼 사랑하사
독생자를 주셨으니 이는 그를 믿는 자마다
멸망하지 않고 영생을 얻게 하려 하심이라

17 하나님이 그 아들을 세상에 보내신 것은
세상을 심판하려 하심이 아니요

그로 말미암아 세상이 구원을 받게 하려 하심이라

[18] 그를 믿는 자는 심판을 받지 아니하는 것이요
믿지 아니하는 자는 하나님의 독생자의 이름을
믿지 아니하므로 벌써 심판을 받은 것이니라

[19] 그 정죄(定罪)는 이것이니 곧 빛이 세상에 왔으되
사람들이 자기 행위가 악하므로
빛보다 어둠을 더 사랑한 것이니라

[20] 악을 행하는 자마다 빛을 미워하여 빛으로 오지 아니하나니
이는 그 행위가 드러날까 함이요

[21] 진리(眞理)를 따르는 자는 빛으로 오나니 이는 그 행위가
하나님 안에서 행한 것임을 나타내려 함이라 하시니라

그는 흥하고 나는 쇠하여야 하리라

²²그 후에 예수께서 제자들과 유대 땅으로 가서
거기 함께 유하시며 세례를 베푸시더라

²³요한도 살렘 가까운 애논에서 세례를 베푸니
거기 물이 많음이라 그러므로 사람들이 와서 세례를 받더라

²⁴요한이 아직 옥에 갇히지 아니하였더라

²⁵이에 요한의 제자 중에서 한 유대인과 더불어
정결예식에 대하여 변론이 되었더니

²⁶그들이 요한에게 가서 이르되 랍비여
선생님과 함께 요단 강 저편에 있던 이

곧 선생님이 증언하시던 이가 세례를 베풀매
사람이 다 그에게로 가더이다

²⁷요한이 대답하여 이르되 만일 하늘에서 주신 바 아니면

사람이 아무 것도 받을 수 없느니라

²⁸내가 말한 바 나는 그리스도가 아니요
그의 앞에 보내심을 받은 자라고 한 것을
증언할 자는 너희니라

²⁹신부를 취하는 자는 신랑이나
서서 신랑의 음성을 듣는 친구가 크게 기뻐하나니
나는 이러한 기쁨으로 충만(充滿)하였노라

³⁰그는 흥(興)하여야 하겠고 나는 쇠(衰)하여야 하리라 하니라

하늘로부터 오시는 이

³¹위로부터 오시는 이는 만물 위에 계시고
땅에서 난 이는 땅에 속하여 땅에 속한 것을 말하느니라
하늘로부터 오시는 이는 만물 위에 계시나니

³²그가 친히 보고 들은 것을 증언하되
그의 증언을 받는 자가 없도다

³³그의 증언을 받는 자는
하나님이 참되시다는 것을 인쳤느니라

³⁴하나님이 보내신 이는 하나님의 말씀을 하나니
이는 하나님이 성령을 한량 없이 주심이니라

³⁵아버지께서 아들을 사랑하사 만물을 다 그의 손에 주셨으니

³⁶아들을 믿는 자에게는 영생이 있고
아들에게 순종하지 아니하는 자는 영생을 보지 못하고
도리어 하나님의 진노가 그 위에 머물러 있느니라

사마리아 여자와 말씀하시다

4 ¹예수께서 제자를 삼고 세례를 베푸시는 것이

요한보다 많다 하는 말을 바리새인들이 들은 줄을
주께서 아신지라

2 (예수께서 친히 세례를 베푸신 것이 아니요
제자들이 베푼 것이라)

3 유대를 떠나사 다시 갈릴리로 가실새

4 사마리아를 통과하여야 하겠는지라

5 사마리아에 있는 수가라 하는 동네에 이르시니
야곱이 그 아들 요셉에게 준 땅이 가깝고

6 거기 또 야곱의 우물이 있더라
예수께서 길 가시다가 피곤하여 우물 곁에 그대로 앉으시니
때가 여섯 시쯤 되었더라

7 사마리아 여자 한 사람이 물을 길으러 왔으매

예수께서 물을 좀 달라 하시니

8 이는 제자들이 먹을 것을 사러 그 동네에 들어갔음이러라

9 사마리아 여자가 이르되 당신은 유대인으로서 어찌하여
사마리아 여자인 나에게 물을 달라 하나이까 하니
이는 유대인이 사마리아인과 상종(相從)하지 아니함이러라

10 예수께서 대답하여 이르시되 네가 만일 하나님의 선물과
또 네게 물 좀 달라 하는 이가 누구인 줄 알았더라면
네가 그에게 구하였을 것이요 그가 생수를 네게 주었으리라

11 여자가 이르되 주여 물 길을 그릇도 없고 이 우물은 깊은데
어디서 당신이 그 생수를 얻겠사옵나이까

12 우리 조상 야곱이 이 우물을 우리에게 주셨고
또 여기서 자기와 자기 아들들과 짐승이 다 마셨는데

당신이 야곱보다 더 크니이까

13예수께서 대답하여 이르시되
이 물을 마시는 자마다 다시 목마르려니와

14내가 주는 물을 마시는 자는 영원히 목마르지 아니하리니
내가 주는 물은 그 속에서 영생하도록 솟아나는
샘물이 되리라

15여자가 이르되 주여 그런 물을 내게 주사
목마르지도 않고 또 여기 물 길으러 오지도 않게 하옵소서

16이르시되 가서 네 남편을 불러 오라

17여자가 대답하여 이르되 나는 남편이 없나이다
예수께서 이르시되 네가 남편이 없다 하는 말이 옳도다

18너에게 남편 다섯이 있었고

지금 있는 자도 네 남편이 아니니 네 말이 참되도다

¹⁹여자가 이르되 주여 내가 보니 선지자로소이다

²⁰우리 조상들은 이 산에서 예배하였는데
당신들의 말은 예배할 곳이 예루살렘에 있다 하더이다

²¹예수께서 이르시되 여자여 내 말을 믿으라
이 산에서도 말고 예루살렘에서도 말고
너희가 아버지께 예배할 때가 이르리라

²²너희는 알지 못하는 것을 예배하고
우리는 아는 것을 예배하노니
이는 구원이 유대인에게서 남이라

²³아버지께 참되게 예배하는 자들은
영과 진리로 예배할 때가 오나니 곧 이 때라

아버지께서는 자기에게 이렇게 예배하는 자들을 찾으시느니라

24 하나님은 영이시니 예배하는 자가 영과 진리로 예배할지니라

25 여자가 이르되 메시야 곧 그리스도라 하는 이가
오실 줄을 내가 아노니 그가 오시면
모든 것을 우리에게 알려 주시리이다

26 예수께서 이르시되 네게 말하는 내가 그라 하시니라

27 이 때에 제자들이 돌아와서
예수께서 여자와 말씀하시는 것을 이상히 여겼으나

무엇을 구하시나이까 어찌하여 그와 말씀하시나이까
묻는 자가 없더라

28 여자가 물동이를 버려 두고
동네로 들어가서 사람들에게 이르되

²⁹내가 행한 모든 일을 내게 말한 사람을 와서 보라
이는 그리스도가 아니냐 하니

³⁰그들이 동네에서 나와 예수께로 오더라

³¹그 사이에 제자들이 청하여 이르되 랍비여 잡수소서

³²이르시되 내게는 너희가 알지 못하는 먹을 양식이 있느니라

³³제자들이 서로 말하되
누가 잡수실 것을 갖다 드렸는가 하니

³⁴예수께서 이르시되
나의 양식은 나를 보내신 이의 뜻을 행하며
그의 일을 온전히 이루는 이것이니라

³⁵너희는 넉 달이 지나야
추수할 때가 이르겠다 하지 아니하느냐

그러나 나는 너희에게 이르노니 너희 눈을 들어 밭을 보라
희어져 추수하게 되었도다

³⁶거두는 자가 이미 삯도 받고 영생에 이르는 열매를 모으나니
이는 뿌리는 자와 거두는 자가 함께 즐거워하게 하려 함이라

³⁷그런즉 한 사람이 심고
다른 사람이 거둔다 하는 말이 옳도다

³⁸내가 너희로 노력하지 아니한 것을 거두러 보내었노니
다른 사람들은 노력하였고 너희는 그들이 노력한 것에
참여하였느니라

³⁹여자의 말이 내가 행한 모든 것을
그가 내게 말하였다 증언하므로
그 동네 중에 많은 사마리아인이 예수를 믿는지라

⁴⁰사마리아인들이 예수께 와서 자기들과 함께
유하시기를 청하니 거기서 이틀을 유하시매

⁴¹예수의 말씀으로 말미암아 믿는 자가 더욱 많아

⁴²그 여자에게 말하되 이제 우리가 믿는 것은
네 말로 인함이 아니니 이는 우리가 친히 듣고
그가 참으로 세상의 구주신 줄 앎이라 하였더라

왕의 신하의 아들을 고치시다

⁴³이틀이 지나매 예수께서 거기를 떠나 갈릴리로 가시며

⁴⁴친히 증언하시기를 선지자가 고향에서는
높임을 받지 못한다 하시고

⁴⁵갈릴리에 이르시매 갈릴리인들이 그를 영접하니
이는 자기들도 명절에 갔다가 예수께서 명절중

예루살렘에서 하신 모든 일을 보았음이더라

⁴⁶예수께서 다시 갈릴리 가나에 이르시니
전에 물로 포도주를 만드신 곳이라
왕의 신하가 있어 그의 아들이 가버나움에서 병들었더니

⁴⁷그가 예수께서 유대로부터 갈릴리로 오셨다는 것을 듣고
가서 청하되 내려오셔서 내 아들의 병을 고쳐 주소서 하니
그가 거의 죽게 되었음이라

⁴⁸예수께서 이르시되 너희는 표적과 기사를 보지 못하면
도무지 믿지 아니하리라

⁴⁹신하가 이르되 주여 내 아이가 죽기 전에 내려오소서

⁵⁰예수께서 이르시되 가라 네 아들이 살아 있다 하시니
그 사람이 예수께서 하신 말씀을 믿고 가더니

51 내려가는 길에서 그 종들이 오다가 만나서
아이가 살아 있다 하거늘

52 그 낫기 시작한 때를 물은즉
어제 일곱 시에 열기가 떨어졌나이다 하는지라

53 그의 아버지가 예수께서 네 아들이 살아 있다 말씀하신
그 때인 줄 알고 자기와 그 온 집안이 다 믿으니라

54 이것은 예수께서 유대에서 갈릴리로 오신 후에 행하신
두 번째 표적이니라

오래된 병을 고치시다

5 1 그 후에 유대인의 명절(名節)이 되어
예수께서 예루살렘에 올라가시니라

2 예루살렘에 있는 양문 곁에 히브리 말로

베데스다라 하는 못이 있는데 거기 행각 다섯이 있고

3 그 안에 많은 병자, 맹인, 다리 저는 사람,
혈기 마른 사람들이 누워 [물의 움직임을 기다리니

4 이는 천사가 가끔 못에 내려와 물을 움직이게 하는데
움직인 후에 먼저 들어가는 자는
어떤 병에 걸렸든지 낫게 됨이러라]

5 거기 서른여덟 해 된 병자가 있더라

6 예수께서 그 누운 것을 보시고 병이 벌써 오래된 줄 아시고
이르시되 네가 낫고자 하느냐

7 병자가 대답하되 주여 물이 움직일 때에
나를 못에 넣어 주는 사람이 없어
내가 가는 동안에 다른 사람이 먼저 내려가나이다

8 예수께서 이르시되 일어나 네 자리를 들고 걸어가라 하시니

9 그 사람이 곧 나아서 자리를 들고 걸어가니라
이 날은 안식일이니

10 유대인들이 병 나은 사람에게 이르되
안식일인데 네가 자리를 들고 가는 것이 옳지 아니하니라

11 대답하되 나를 낫게 한 그가
자리를 들고 걸어가라 하더라 하니

12 그들이 묻되 너에게 자리를 들고 걸어가라 한 사람이
누구냐 하되

13 고침을 받은 사람은 그가 누구인지 알지 못하니
이는 거기 사람이 많으므로 예수께서 이미 피하셨음이라

14 그 후에 예수께서 성전에서 그 사람을 만나 이르시되

보라 네가 나았으니 더 심한 것이 생기지 않게
다시는 죄를 범하지 말라 하시니

15그 사람이 유대인들에게 가서
자기를 고친 이는 예수라 하니라

16그러므로 안식일에 이러한 일을 행하신다 하여
유대인들이 예수를 박해하게 된지라

17예수께서 그들에게 이르시되
내 아버지께서 이제까지 일하시니 나도 일한다 하시매

18유대인들이 이로 말미암아 더욱 예수를 죽이고자 하니
이는 안식일을 범할 뿐만 아니라 하나님을 자기의
친 아버지라 하여 자기를 하나님과 동등으로 삼으심이러라

아들의 권한

19 그러므로 예수께서 그들에게 이르시되
내가 진실로 진실로 너희에게 이르노니

아들이 아버지께서 하시는 일을 보지 않고는
아무 것도 스스로 할 수 없나니
아버지께서 행하시는 그것을 아들도 그와 같이 행하느니라

20 아버지께서 아들을 사랑하사
자기가 행하시는 것을 다 아들에게 보이시고

또 그보다 더 큰 일을 보이사
너희로 놀랍게 여기게 하시리라

21 아버지께서 죽은 자들을 일으켜 살리심 같이
아들도 자기가 원하는 자들을 살리느니라

22 아버지께서 아무도 심판하지 아니하시고

심판을 다 아들에게 맡기셨으니

²³이는 모든 사람으로 아버지를 공경(恭敬)하는 것 같이
아들을 공경하게 하려 하심이라

아들을 공경하지 아니하는 자는
그를 보내신 아버지도 공경하지 아니하느니라

²⁴내가 진실로 진실로 너희에게 이르노니
내 말을 듣고 또 나 보내신 이를 믿는 자는

영생을 얻었고 심판에 이르지 아니하나니
사망에서 생명으로 옮겼느니라

²⁵진실로 진실로 너희에게 이르노니
죽은 자들이 하나님의 아들의 음성을 들을 때가 오나니
곧 이 때라 듣는 자는 살아나리라

^{26}아버지께서 자기 속에 생명이 있음 같이
아들에게도 생명을 주어 그 속에 있게 하셨고

^{27}또 인자됨으로 말미암아 심판하는 권한을 주셨느니라

^{28}이를 놀랍게 여기지 말라
무덤 속에 있는 자가 다 그의 음성을 들을 때가 오나니

^{29}선한 일을 행한 자는 생명의 부활로,
악한 일을 행한 자는 심판의 부활로 나오리라

예수를 믿게 하는 증언

^{30}내가 아무 것도 스스로 할 수 없노라
듣는 대로 심판하노니 나는 나의 뜻대로 하려 하지 않고

나를 보내신 이의 뜻대로 하려 하므로
내 심판은 의로우니라

³¹내가 만일 나를 위하여 증언하면
내 증언은 참되지 아니하되

³²나를 위하여 증언하시는 이가 따로 있으니
나를 위하여 증언하시는 그 증언이 참인 줄 아노라

³³너희가 요한에게 사람을 보내매
요한이 진리에 대하여 증언하였느니라

³⁴그러나 나는 사람에게서 증언을 취하지 아니하노라
다만 이 말을 하는 것은 너희로 구원을 받게 하려 함이니라

³⁵요한은 켜서 비추이는 등불이라
너희가 한때 그 빛에 즐거이 있기를 원하였거니와

³⁶내게는 요한의 증거보다 더 큰 증거가 있으니
아버지께서 내게 주사 이루게 하시는 역사(役事)

곧 내가 하는 그 역사가 아버지께서 나를 보내신 것을
나를 위하여 증언하는 것이요

37 또한 나를 보내신 아버지께서
친히 나를 위하여 증언하셨느니라

너희는 아무 때에도 그 음성을 듣지 못하였고
그 형상을 보지 못하였으며

38 그 말씀이 너희 속에 거하지 아니하니
이는 그가 보내신 이를 믿지 아니함이라

39 너희가 성경에서 영생을 얻는 줄 생각하고 성경을
연구하거니와 이 성경이 곧 내게 대하여 증언하는 것이니라

40 그러나 너희가 영생을 얻기 위하여
내게 오기를 원하지 아니하는도다

⁴¹나는 사람에게서 영광을 취하지 아니하노라

⁴²다만 하나님을 사랑하는 것이 너희 속에 없음을 알았노라

⁴³나는 내 아버지의 이름으로 왔으매 너희가 영접하지 아니하나
만일 다른 사람이 자기 이름으로 오면 영접(迎接)하리라

⁴⁴너희가 서로 영광을 취하고 유일하신 하나님께로부터 오는
영광은 구하지 아니하니 어찌 나를 믿을 수 있느냐

⁴⁵내가 너희를 아버지께 고발할까 생각하지 말라
너희를 고발하는 이가 있으니 곧 너희가 바라는 자 모세니라

⁴⁶모세를 믿었더라면 또 나를 믿었으리니
이는 그가 내게 대하여 기록하였음이라

⁴⁷그러나 그의 글도 믿지 아니하거든
어찌 내 말을 믿겠느냐 하시니라

오천 명을 먹이시다

6 ¹ 그 후에 예수께서 디베랴의
갈릴리 바다 건너편으로 가시매

² 큰 무리가 따르니 이는 병자들에게 행하시는
표적을 보았음이러라

³ 예수께서 산에 오르사 제자들과 함께 거기 앉으시니

⁴ 마침 유대인의 명절인 유월절이 가까운지라

⁵ 예수께서 눈을 들어 큰 무리가 자기에게로 오는 것을 보시고
빌립에게 이르시되 우리가 어디서 떡을 사서
이 사람들을 먹이겠느냐 하시니

⁶ 이렇게 말씀하심은 친히 어떻게 하실지를 아시고
빌립을 시험하고자 하심이라

7 빌립이 대답하되 각 사람으로 조금씩 받게 할지라도
이백 데나리온의 떡이 부족하리이다

8 제자 중 하나 곧 시몬 베드로의 형제 안드레가
예수께 여짜오되

9 여기 한 아이가 있어
보리떡 다섯 개와 물고기 두 마리를 가지고 있나이다
그러나 그것이 이 많은 사람에게 얼마나 되겠사옵나이까

10 예수께서 이르시되 이 사람들로 앉게 하라 하시니
그 곳에 잔디가 많은지라
사람들이 앉으니 수가 오천 명쯤 되더라

11 예수께서 떡을 가져 축사하신 후에 앉아 있는 자들에게
나눠 주시고 물고기도 그렇게 그들의 원대로 주시니라

¹²그들이 배부른 후에 예수께서 제자들에게 이르시되
남은 조각을 거두고 버리는 것이 없게 하라 하시므로

¹³이에 거두니 보리떡 다섯 개로 먹고
남은 조각이 열두 바구니에 찼더라

¹⁴그 사람들이 예수께서 행하신 이 표적을 보고 말하되
이는 참으로 세상에 오실 그 선지자라 하더라

¹⁵그러므로 예수께서 그들이 와서
자기를 억지로 붙들어 임금으로 삼으려는 줄 아시고
다시 혼자 산으로 떠나 가시니라

바다 위로 걸어오시다

¹⁶저물매 제자들이 바다에 내려가서

¹⁷배를 타고 바다를 건너 가버나움으로 가는데

이미 어두웠고 예수는 아직 그들에게 오시지 아니하셨더니

18 큰 바람이 불어 파도가 일어나더라

19 제자들이 노를 저어 십여리(十餘里)쯤 가다가 예수께서
바다 위로 걸어 배에 가까이 오심을 보고 두려워하거늘

20 이르시되 내니 두려워하지 말라 하신대

21 이에 기뻐서 배로 영접하니
배는 곧 그들이 가려던 땅에 이르렀더라

생명의 떡

22 이튿날 바다 건너편에 서 있던 무리가
배 한 척 외에 다른 배가 거기 없는 것과

또 어제 예수께서 제자들과 함께
그 배에 오르지 아니하시고 제자들만 가는 것을 보았더니

23 (그러나 디베랴에서 배들이 주께서 축사하신 후
여럿이 떡 먹던 그 곳에 가까이 왔더라)

24 무리가 거기에 예수도 안 계시고 제자들도 없음을 보고
곧 배들을 타고 예수를 찾으러 가버나움으로 가서

25 바다 건너편에서 만나 랍비여 언제 여기 오셨나이까 하니

26 예수께서 대답하여 이르시되
내가 진실로 진실로 너희에게 이르노니

너희가 나를 찾는 것은 표적을 본 까닭이 아니요
떡을 먹고 배부른 까닭이로다

27 썩을 양식을 위하여 일하지 말고
영생하도록 있는 양식을 위하여 하라
이 양식은 인자가 너희에게 주리니

인자는 아버지 하나님께서 인치신 자니라

28 그들이 묻되 우리가 어떻게 하여야
하나님의 일을 하오리이까

29 예수께서 대답하여 이르시되
하나님께서 보내신 이를 믿는 것이 하나님의 일이니라 하시니

30 그들이 묻되 그러면 우리가 보고 당신을 믿도록 행하시는
표적(表蹟)이 무엇이니이까, 하시는 일이 무엇이니이까

31 기록된 바 하늘에서 그들에게 떡을 주어 먹게 하였다
함과 같이 우리 조상들은 광야에서 만나를 먹었나이다

32 예수께서 이르시되 내가 진실로 진실로 너희에게 이르노니
모세가 너희에게 하늘로부터 떡을 준 것이 아니라
내 아버지께서 너희에게 하늘로부터 참 떡을 주시나니

³³하나님의 떡은 하늘에서 내려 세상에 생명을 주는 것이니라

³⁴그들이 이르되 주여 이 떡을 항상 우리에게 주소서

³⁵예수께서 이르시되 나는 생명의 떡이니
내게 오는 자는 결코 주리지 아니할 터이요
나를 믿는 자는 영원히 목마르지 아니하리라

³⁶그러나 내가 너희에게 이르기를
너희는 나를 보고도 믿지 아니하는도다 하였느니라

³⁷아버지께서 내게 주시는 자는 다 내게로 올 것이요
내게 오는 자는 내가 결코 내쫓지 아니하리라

³⁸내가 하늘에서 내려온 것은 내 뜻을 행하려 함이 아니요
나를 보내신 이의 뜻을 행하려 함이니라

³⁹나를 보내신 이의 뜻은 내게 주신 자 중에 내가 하나도

잃어버리지 아니하고 마지막 날에 다시 살리는 이것이니라

⁴⁰내 아버지의 뜻은 아들을 보고 믿는 자마다 영생을 얻는
이것이니 마지막 날에 내가 이를 다시 살리리라 하시니라

⁴¹자기가 하늘에서 내려온 떡이라 하시므로
유대인들이 예수에 대하여 수군거려

⁴²이르되 이는 요셉의 아들 예수가 아니냐
그 부모를 우리가 아는데 자기가 지금 어찌하여
하늘에서 내려왔다 하느냐

⁴³예수께서 대답하여 이르시되 너희는 서로 수군거리지 말라

⁴⁴나를 보내신 아버지께서 이끌지 아니하시면
아무도 내게 올 수 없으니
오는 그를 내가 마지막 날에 다시 살리리라

⁴⁵선지자의 글에 그들이 다 하나님의 가르치심을 받으리라
기록되었은즉 아버지께 듣고 배운 사람마다 내게로 오느니라

⁴⁶이는 아버지를 본 자가 있다는 것이 아니니라
오직 하나님에게서 온 자만 아버지를 보았느니라

⁴⁷진실로 진실로 너희에게 이르노니
믿는 자는 영생을 가졌나니

⁴⁸내가 곧 생명의 떡이니라

⁴⁹너희 조상들은 광야에서 만나를 먹었어도 죽었거니와

⁵⁰이는 하늘에서 내려오는 떡이니
사람으로 하여금 먹고 죽지 아니하게 하는 것이니라

⁵¹나는 하늘에서 내려온 살아 있는 떡이니
사람이 이 떡을 먹으면 영생하리라

내가 줄 떡은 곧 세상의 생명을 위한 내 살이니라 하시니라

⁵²그러므로 유대인들이 서로 다투어 이르되 이 사람이 어찌
능히 자기 살을 우리에게 주어 먹게 하겠느냐

⁵³예수께서 이르시되 내가 진실로 진실로 너희에게 이르노니
인자의 살을 먹지 아니하고 인자의 피를 마시지 아니하면
너희 속에 생명이 없느니라

⁵⁴내 살을 먹고 내 피를 마시는 자는 영생을 가졌고
마지막 날에 내가 그를 다시 살리리니

⁵⁵내 살은 참된 양식이요 내 피는 참된 음료로다

⁵⁶내 살을 먹고 내 피를 마시는 자는
내 안에 거하고 나도 그의 안에 거하나니

⁵⁷살아 계신 아버지께서 나를 보내시매

내가 아버지로 말미암아 사는 것 같이
나를 먹는 그 사람도 나로 말미암아 살리라

⁵⁸이것은 하늘에서 내려온 떡이니
조상들이 먹고도 죽은 그것과 같지 아니하여
이 떡을 먹는 자는 영원히 살리라

⁵⁹이 말씀은 예수께서
가버나움 회당에서 가르치실 때에 하셨느니라

영생의 말씀
⁶⁰제자 중 여럿이 듣고 말하되
이 말씀은 어렵도다 누가 들을 수 있느냐 한대

⁶¹예수께서 스스로 제자들이 이 말씀에 대하여 수군거리는 줄
아시고 이르시되 이 말이 너희에게 걸림이 되느냐

⁶²그러면 너희는 인자가 이전에 있던 곳으로
올라가는 것을 본다면 어떻게 하겠느냐

⁶³살리는 것은 영이니 육은 무익하니라
내가 너희에게 이른 말은 영이요 생명이라

⁶⁴그러나 너희 중에 믿지 아니하는 자들이 있느니라 하시니
이는 예수께서 믿지 아니하는 자들이 누구며
자기를 팔 자가 누구인지 처음부터 아심이러라

⁶⁵또 이르시되 그러므로 전에 너희에게 말하기를
내 아버지께서 오게 하여 주지 아니하시면
누구든지 내게 올 수 없다 하였노라 하시니라

⁶⁶그 때부터 그의 제자 중에서 많은 사람이 떠나가고
다시 그와 함께 다니지 아니하더라

⁶⁷예수께서 열두 제자에게 이르시되 너희도 가려느냐

⁶⁸시몬 베드로가 대답하되 주여 영생의 말씀이
주께 있사오니 우리가 누구에게로 가오리이까

⁶⁹우리가 주는 하나님의 거룩하신 자이신 줄
믿고 알았사옵나이다

⁷⁰예수께서 대답하시되 내가 너희 열둘을 택하지 아니하였느냐
그러나 너희 중의 한 사람은 마귀니라 하시니

⁷¹이 말씀은 가룟 시몬의 아들 유다를 가리키심이라
그는 열둘 중의 하나로 예수를 팔 자러라

형제들까지도 예수를 믿지 아니하다

7 ¹그 후에 예수께서 갈릴리에서 다니시고 유대에서
다니려 아니하심은 유대인들이 죽이려 함이러라

2 유대인의 명절인 초막절이 가까운지라

3 그 형제들이 예수께 이르되 당신이 행하는 일을
제자들도 보게 여기를 떠나 유대로 가소서

4 스스로 나타나기를 구하면서 묻혀서 일하는 사람이 없나니
이 일을 행하려 하거든 자신을 세상에 나타내소서 하니

5 이는 그 형제들까지도 예수를 믿지 아니함이러라

6 예수께서 이르시되 내 때는 아직 이르지 아니하였거니와
너희 때는 늘 준비되어 있느니라

7 세상이 너희를 미워하지 아니하되 나를 미워하나니
이는 내가 세상의 일들을 악하다고 증언함이라

8 너희는 명절에 올라가라 내 때가 아직 차지 못하였으니
나는 이 명절에 아직 올라가지 아니하노라

⁹이 말씀을 하시고 갈릴리에 머물러 계시니라

명절을 지키러 올라가시다

¹⁰그 형제들이 명절(名節)에 올라간 후에
자기도 올라가시되 나타내지 않고 은밀히 가시니라

¹¹명절중에 유대인들이 예수를 찾으면서 그가 어디 있느냐 하고

¹²예수에 대하여 무리 중에서 수군거림이 많아
어떤 사람은 좋은 사람이라 하며
어떤 사람은 아니라 무리를 미혹(迷惑)한다 하나

¹³그러나 유대인들을 두려워하므로
드러나게 그에 대하여 말하는 자가 없더라

¹⁴이미 명절의 중간(中間)이 되어
예수께서 성전에 올라가사 가르치시니

¹⁵유대인들이 놀랍게 여겨 이르되
이 사람은 배우지 아니하였거늘 어떻게 글을 아느냐 하니

¹⁶예수께서 대답하여 이르시되
내 교훈은 내 것이 아니요 나를 보내신 이의 것이니라

¹⁷사람이 하나님의 뜻을 행하려 하면 이 교훈이
하나님께로부터 왔는지 내가 스스로 말함인지 알리라

¹⁸스스로 말하는 자는 자기 영광만 구하되
보내신 이의 영광을 구하는 자는 참되니
그 속에 불의(不義)가 없느니라

¹⁹모세가 너희에게 율법을 주지 아니하였느냐
너희 중에 율법을 지키는 자가 없도다
너희가 어찌하여 나를 죽이려 하느냐

²⁰무리가 대답하되 당신은 귀신이 들렸도다
누가 당신을 죽이려 하나이까

²¹예수께서 대답하여 이르시되 내가 한 가지 일을 행하매
너희가 다 이로 말미암아 이상히 여기는도다

²²모세가 너희에게 할례를 행했으니 (그러나 할례는
모세에게서 난 것이 아니요 조상들에게서 난 것이라)
그러므로 너희가 안식일에도 사람에게 할례를 행하느니라

²³모세의 율법을 범하지 아니하려고
사람이 안식일에도 할례를 받는 일이 있거든

내가 안식일에 사람의 전신을 건전(健全)하게 한 것으로
너희가 내게 노여워하느냐

²⁴외모로 판단하지 말고 공의(公義)롭게 판단하라 하시니라

예수를 잡고자 하나

²⁵예루살렘 사람 중에서 어떤 사람이 말하되
이는 그들이 죽이고자 하는 그 사람이 아니냐

²⁶보라 드러나게 말하되 그들이 아무 말도 아니하는도다
당국자들은 이 사람을 참으로 그리스도인 줄 알았는가

²⁷그러나 우리는 이 사람이 어디서 왔는지 아노라
그리스도께서 오실 때에는 어디서 오시는지
아는 자가 없으리라 하는지라

²⁸예수께서 성전에서 가르치시며 외쳐 이르시되
너희가 나를 알고 내가 어디서 온 것도 알거니와

내가 스스로 온 것이 아니니라
나를 보내신 이는 참되시니 너희는 그를 알지 못하나

²⁹나는 아노니 이는 내가 그에게서 났고
그가 나를 보내셨음이라 하시니

³⁰그들이 예수를 잡고자 하나 손을 대는 자가 없으니
이는 그의 때가 아직 이르지 아니하였음이러라

³¹무리 중의 많은 사람이 예수를 믿고 말하되
그리스도께서 오실지라도 그 행하실 표적이
이 사람이 행한 것보다 더 많으랴 하니

³²예수에 대하여 무리가 수군거리는 것이
바리새인들에게 들린지라 대제사장들과 바리새인들이
그를 잡으려고 아랫사람들을 보내니

³³예수께서 이르시되 내가 너희와 함께 조금 더 있다가
나를 보내신 이에게로 돌아가겠노라

³⁴너희가 나를 찾아도 만나지 못할 터이요
나 있는 곳에 오지도 못하리라 하시니

³⁵이에 유대인들이 서로 묻되
이 사람이 어디로 가기에 우리가 그를 만나지 못하리요

헬라인 중에 흩어져 사는 자들에게로 가서
헬라인을 가르칠 터인가

³⁶나를 찾아도 만나지 못할 터이요
나 있는 곳에 오지도 못하리라 한 이 말이
무슨 말이냐 하니라

배에서 생수의 강이 흘러나오리라

³⁷명절 끝날 곧 큰 날에 예수께서 서서 외쳐 이르시되
누구든지 목마르거든 내게로 와서 마시라

³⁸나를 믿는 자는 성경에 이름과 같이
그 배에서 생수(生水)의 강이 흘러나오리라 하시니

³⁹이는 그를 믿는 자들이 받을 성령을 가리켜
말씀하신 것이라 (예수께서 아직 영광을 받지 않으셨으므로
성령이 아직 그들에게 계시지 아니하시더라)

⁴⁰이 말씀을 들은 무리 중에서
어떤 사람은 이 사람이 참으로 그 선지자라 하며

⁴¹어떤 사람은 그리스도라 하며
어떤 이들은 그리스도가 어찌 갈릴리에서 나오겠느냐

⁴²성경에 이르기를 그리스도는 다윗의 씨로 또 다윗이 살던
마을 베들레헴에서 나오리라 하지 아니하였느냐 하며

⁴³예수로 말미암아 무리 중에서 쟁론이 되니

⁴⁴그 중에는 그를 잡고자 하는 자들도 있으나
손을 대는 자가 없었더라

대제사장들과 바리새인들은 믿지 않다

⁴⁵아랫사람들이 대제사장들과 바리새인들에게로 오니
그들이 묻되 어찌하여 잡아오지 아니하였느냐

⁴⁶아랫사람들이 대답하되
그 사람이 말하는 것처럼 말한 사람은
이 때까지 없었나이다 하니

⁴⁷바리새인들이 대답하되 너희도 미혹되었느냐

⁴⁸당국자들이나 바리새인 중에 그를 믿는 자가 있느냐

⁴⁹율법을 알지 못하는 이 무리는 저주를 받은 자로다

⁵⁰그 중의 한 사람 곧 전에 예수께 왔던 니고데모가

그들에게 말하되

⁵¹ 우리 율법은 사람의 말을 듣고
그 행한 것을 알기 전에 심판하느냐

⁵² 그들이 대답하여 이르되
너도 갈릴리에서 왔느냐 찾아 보라
갈릴리에서는 선지자가 나지 못하느니라 하였더라

음행중에 잡혀온 여자가 용서 받다

⁵³[다 각각 집으로 돌아가고

8 ¹ 예수는 감람 산으로 가시니라

² 아침에 다시 성전으로 들어오시니 백성이 다 나아오는지라
앉으사 그들을 가르치시더니

³ 서기관들과 바리새인들이 음행중에 잡힌 여자를

끌고 와서 가운데 세우고

4 예수께 말하되 선생이여
이 여자가 간음하다가 현장(現場)에서 잡혔나이다

5 모세는 율법에 이러한 여자를 돌로 치라 명하였거니와
선생은 어떻게 말하겠나이까

6 그들이 이렇게 말함은 고발할 조건을 얻고자 하여
예수를 시험함이러라 예수께서 몸을 굽히사
손가락으로 땅에 쓰시니

7 그들이 묻기를 마지 아니하는지라 이에 일어나 이르시되
너희 중에 죄 없는 자가 먼저 돌로 치라 하시고

8 다시 몸을 굽혀 손가락으로 땅에 쓰시니

9 그들이 이 말씀을 듣고 양심에 가책을 느껴

어른으로 시작하여 젊은이까지 하나씩 하나씩 나가고
오직 예수와 그 가운데 섰는 여자만 남았더라

10예수께서 일어나사 여자 외에 아무도 없는 것을 보시고
이르시되 여자여 너를 고발하던 그들이 어디 있느냐
너를 정죄(定罪)한 자가 없느냐

11대답하되 주여 없나이다
예수께서 이르시되 나도 너를 정죄하지 아니하노니
가서 다시는 죄를 범하지 말라 하시니라]

나는 세상의 빛
12예수께서 또 말씀하여 이르시되
나는 세상의 빛이니 나를 따르는 자는
어둠에 다니지 아니하고 생명의 빛을 얻으리라

¹³바리새인들이 이르되 네가 너를 위하여 증언하니
네 증언은 참되지 아니하도다

¹⁴예수께서 대답하여 이르시되
내가 나를 위하여 증언하여도 내 증언이 참되니

나는 내가 어디서 오며 어디로 가는 것을 알거니와
너희는 내가 어디서 오며 어디로 가는 것을 알지 못하느니라

¹⁵너희는 육체를 따라 판단하나
나는 아무도 판단하지 아니하노라

¹⁶만일 내가 판단하여도 내 판단이 참되니
이는 내가 혼자 있는 것이 아니요
나를 보내신 이가 나와 함께 계심이라

¹⁷너희 율법에도 두 사람의 증언이 참되다 기록되었으니

¹⁸내가 나를 위하여 증언하는 자가 되고
나를 보내신 아버지도 나를 위하여 증언하시느니라

¹⁹이에 그들이 묻되 네 아버지가 어디 있느냐
예수께서 대답하시되 너희는 나를 알지 못하고

내 아버지도 알지 못하는도다
나를 알았더라면 내 아버지도 알았으리라

²⁰이 말씀은 성전에서 가르치실 때에
헌금함 앞에서 하셨으나 잡는 사람이 없으니
이는 그의 때가 아직 이르지 아니하였음이러라

내가 가는 곳

²¹다시 이르시되 내가 가리니
너희가 나를 찾다가 너희 죄 가운데서 죽겠고

내가 가는 곳에는 너희가 오지 못하리라

²²유대인들이 이르되 그가 말하기를
내가 가는 곳에는 너희가 오지 못하리라 하니
그가 자결하려는가

²³예수께서 이르시되 너희는 아래에서 났고
나는 위에서 났으며 너희는 이 세상에 속하였고
나는 이 세상에 속하지 아니하였느니라

²⁴그러므로 내가 너희에게 말하기를
너희가 너희 죄 가운데서 죽으리라 하였노라

너희가 만일 내가 그인 줄 믿지 아니하면
너희 죄 가운데서 죽으리라

²⁵그들이 말하되 네가 누구냐

예수께서 이르시되
나는 처음부터 너희에게 말하여 온 자니라

²⁶내가 너희에게 대하여 말하고 판단할 것이 많으나
나를 보내신 이가 참되시매 내가 그에게 들은 그것을
세상에 말하노라 하시되

²⁷그들은 아버지를 가리켜 말씀하신 줄을 깨닫지 못하더라

²⁸이에 예수께서 이르시되
너희가 인자를 든 후에 내가 그인 줄을 알고

또 내가 스스로 아무 것도 하지 아니하고
오직 아버지께서 가르치신 대로
이런 것을 말하는 줄도 알리라

²⁹나를 보내신 이가 나와 함께 하시도다

나는 항상 그가 기뻐하시는 일을 행하므로
나를 혼자 두지 아니하셨느니라

³⁰이 말씀을 하시매 많은 사람이 믿더라

진리가 너희를 자유롭게 하리라

³¹그러므로 예수께서 자기를 믿은 유대인들에게 이르시되
너희가 내 말에 거하면 참으로 내 제자가 되고

³²진리를 알지니 진리가 너희를 자유롭게 하리라

³³그들이 대답하되 우리가 아브라함의 자손(子孫)이라
남의 종이 된 적이 없거늘
어찌하여 우리가 자유(自由)롭게 되리라 하느냐

³⁴예수께서 대답하시되 진실로 진실로 너희에게 이르노니
죄를 범하는 자마다 죄의 종이라

³⁵종은 영원히 집에 거하지 못하되 아들은 영원히 거하나니

³⁶그러므로 아들이 너희를 자유롭게 하면
너희가 참으로 자유로우리라

³⁷나도 너희가 아브라함의 자손인 줄 아노라
그러나 내 말이 너희 안에 있을 곳이 없으므로
나를 죽이려 하는도다

³⁸나는 내 아버지에게서 본 것을 말하고
너희는 너희 아비에게서 들은 것을 행하느니라

³⁹대답하여 이르되 우리 아버지는 아브라함이라 하니
예수께서 이르시되 너희가 아브라함의 자손이면
아브라함이 행한 일들을 할 것이거늘

⁴⁰지금 하나님께 들은 진리를 너희에게 말한 사람인 나를

죽이려 하는도다 아브라함은 이렇게 하지 아니하였느니라

41 너희는 너희 아비가 행한 일들을 하는도다
대답하되 우리가 음란한 데서 나지 아니하였고
아버지는 한 분뿐이시니 곧 하나님이시로다

42 예수께서 이르시되
하나님이 너희 아버지였으면 너희가 나를 사랑하였으리니
이는 내가 하나님께로부터 나와서 왔음이라

나는 스스로 온 것이 아니요
아버지께서 나를 보내신 것이니라

43 어찌하여 내 말을 깨닫지 못하느냐
이는 내 말을 들을 줄 알지 못함이로다

44 너희는 너희 아비 마귀에게서 났으니

너희 아비의 욕심대로 너희도 행하고자 하느니라
그는 처음부터 살인한 자요

진리가 그 속에 없으므로 진리에 서지 못하고
거짓을 말할 때마다 제 것으로 말하나니
이는 그가 거짓말쟁이요 거짓의 아비가 되었음이라

45 내가 진리(眞理)를 말하므로 너희가 나를 믿지 아니하는도다

46 너희 중에 누가 나를 죄로 책잡겠느냐
내가 진리를 말하는데도 어찌하여 나를 믿지 아니하느냐

47 하나님께 속한 자는 하나님의 말씀을 듣나니
너희가 듣지 아니함은 하나님께 속하지 아니하였음이로다

48 유대인들이 대답하여 이르되 우리가 너를 사마리아 사람이라
또는 귀신이 들렸다 하는 말이 옳지 아니하냐

⁴⁹예수께서 대답하시되 나는 귀신 들린 것이 아니라
오직 내 아버지를 공경함이거늘 너희가 나를 무시하는도다

⁵⁰나는 내 영광(榮光)을 구하지 아니하나
구하고 판단하시는 이가 계시니라

⁵¹진실로 진실로 너희에게 이르노니
사람이 내 말을 지키면 영원히 죽음을 보지 아니하리라

⁵²유대인들이 이르되 지금 네가 귀신 들린 줄을 아노라
아브라함과 선지자들도 죽었거늘

네 말은 사람이 내 말을 지키면
영원히 죽음을 맛보지 아니하리라 하니

⁵³너는 이미 죽은 우리 조상 아브라함보다 크냐
또 선지자들도 죽었거늘 너는 너를 누구라 하느냐

⁵⁴예수께서 대답하시되 내가 내게 영광을 돌리면
내 영광이 아무 것도 아니거니와

내게 영광을 돌리시는 이는 내 아버지시니
곧 너희가 너희 하나님이라 칭(稱)하는 그이시라

⁵⁵너희는 그를 알지 못하되 나는 아노니 만일 내가
알지 못한다 하면 나도 너희 같이 거짓말쟁이가 되리라
나는 그를 알고 또 그의 말씀을 지키노라

⁵⁶너희 조상 아브라함은 나의 때 볼 것을 즐거워하다가
보고 기뻐하였느니라

⁵⁷유대인들이 이르되 네가 아직 오십 세도 못되었는데
아브라함을 보았느냐

⁵⁸예수께서 이르시되 진실로 진실로 너희에게 이르노니

아브라함이 나기 전부터 내가 있느니라 하시니

⁵⁹그들이 돌을 들어 치려 하거늘
예수께서 숨어 성전에서 나가시니라

날 때부터 맹인 된 사람을 고치시다

9 ¹ 예수께서 길을 가실 때에
날 때부터 맹인 된 사람을 보신지라

² 제자들이 물어 이르되 랍비여
이 사람이 맹인으로 난 것이 누구의 죄로 인함이니이까
자기니이까 그의 부모니이까

³ 예수께서 대답하시되
이 사람이나 그 부모의 죄로 인한 것이 아니라
그에게서 하나님이 하시는 일을 나타내고자 하심이라

⁴ 때가 아직 낮이매 나를 보내신 이의 일을
우리가 하여야 하리라
밤이 오리니 그 때는 아무도 일할 수 없느니라

⁵ 내가 세상에 있는 동안에는 세상의 빛이로라

⁶ 이 말씀을 하시고 땅에 침을 뱉어 진흙을 이겨
그의 눈에 바르시고

⁷ 이르시되 실로암 못에 가서 씻으라 하시니
(실로암은 번역하면 보냄을 받았다는 뜻이라)
이에 가서 씻고 밝은 눈으로 왔더라

⁸ 이웃 사람들과 전에 그가 걸인인 것을 보았던 사람들이
이르되 이는 앉아서 구걸하던 자가 아니냐

⁹ 어떤 사람은 그 사람이라 하며 어떤 사람은 아니라

그와 비슷하다 하거늘 자기 말은 내가 그라 하니

10 그들이 묻되 그러면 네 눈이 어떻게 떠졌느냐

11 대답하되 예수라 하는 그 사람이 진흙을 이겨
내 눈에 바르고 나더러 실로암에 가서 씻으라 하기에
가서 씻었더니 보게 되었노라

12 그들이 이르되 그가 어디 있느냐
이르되 알지 못하노라 하니라

보게 된 맹인과 바리새인들
13 그들이 전에 맹인이었던 사람을 데리고
바리새인들에게 갔더라

14 예수께서 진흙을 이겨 눈을 뜨게 하신 날은 안식일이라

15 그러므로 바리새인들도 그가 어떻게 보게 되었는지를 물으니

이르되 그 사람이 진흙을 내 눈에 바르매
내가 씻고 보나이다 하니

16 바리새인 중에 어떤 사람은 말하되
이 사람이 안식일을 지키지 아니하니
하나님께로부터 온 자가 아니라 하며

어떤 사람은 말하되 죄인으로서 어떻게 이러한 표적을
행하겠느냐 하여 그들 중에 분쟁이 있었더니

17 이에 맹인되었던 자에게 다시 묻되
그 사람이 네 눈을 뜨게 하였으니

너는 그를 어떠한 사람이라 하느냐
대답하되 선지자니이다 하니

18 유대인들이 그가 맹인으로 있다가 보게 된 것을

믿지 아니하고 그 부모를 불러 묻되

19 이는 너희 말에 맹인으로 났다 하는 너희 아들이냐
그러면 지금은 어떻게 해서 보느냐

20 그 부모가 대답하여 이르되
이 사람이 우리 아들인 것과 맹인으로 난 것을 아나이다

21 그러나 지금 어떻게 해서 보는지 또는
누가 그 눈을 뜨게 하였는지 우리는 알지 못하나이다

그에게 물어 보소서
그가 장성하였으니 자기 일을 말하리이다

22 그 부모가 이렇게 말한 것은 이미 유대인들이
누구든지 예수를 그리스도로 시인하는 자는
출교하기로 결의하였으므로 그들을 무서워함이러라

²³이러므로 그 부모가 말하기를
그가 장성하였으니 그에게 물어 보소서 하였더라

²⁴이에 그들이 맹인이었던 사람을 두 번째 불러 이르되
너는 하나님께 영광을 돌리라
우리는 이 사람이 죄인(罪人)인 줄 아노라

²⁵대답하되 그가 죄인인지 내가 알지 못하나 한 가지
아는 것은 내가 맹인으로 있다가 지금 보는 그것이니이다

²⁶그들이 이르되 그 사람이 네게 무엇을 하였느냐
어떻게 네 눈을 뜨게 하였느냐

²⁷대답하되 내가 이미 일렀어도 듣지 아니하고
어찌하여 다시 듣고자 하나이까
당신들도 그의 제자(弟子)가 되려 하나이까

²⁸그들이 욕하여 이르되
너는 그의 제자이나 우리는 모세의 제자라

²⁹하나님이 모세에게는 말씀하신 줄을 우리가 알거니와
이 사람은 어디서 왔는지 알지 못하노라

³⁰그 사람이 대답하여 이르되 이상하다
이 사람이 내 눈을 뜨게 하였으되
당신들은 그가 어디서 왔는지 알지 못하는도다

³¹하나님이 죄인의 말을 듣지 아니하시고
경건하여 그의 뜻대로 행하는 자의 말은
들으시는 줄을 우리가 아나이다

³²창세(創世) 이후로 맹인으로 난 자의 눈을
뜨게 하였다 함을 듣지 못하였으니

³³이 사람이 하나님께로부터 오지 아니하였으면
아무 일도 할 수 없으리이다

³⁴그들이 대답하여 이르되 네가 온전히 죄 가운데서 나서
우리를 가르치느냐 하고 이에 쫓아내어 보내니라

맹인이 되었더라면 죄가 없으려니와

³⁵예수께서 그들이 그 사람을 쫓아냈다 하는 말을 들으셨더니
그를 만나사 이르시되 네가 인자를 믿느냐

³⁶대답하여 이르되 주여 그가 누구시오니이까
내가 믿고자 하나이다

³⁷예수께서 이르시되 네가 그를 보았거니와
지금 너와 말하는 자가 그이니라

³⁸이르되 주여 내가 믿나이다 하고 절하는지라

³⁹예수께서 이르시되 내가 심판하러 이 세상에 왔으니
보지 못하는 자들은 보게 하고
보는 자들은 맹인이 되게 하려 함이라 하시니

⁴⁰바리새인 중에 예수와 함께 있던 자들이
이 말씀을 듣고 이르되 우리도 맹인인가

⁴¹예수께서 이르시되 너희가 맹인이 되었더라면 죄가 없으려니와
본다고 하니 너희 죄가 그대로 있느니라

양의 우리 비유

10
¹ 내가 진실로 진실로 너희에게 이르노니
문을 통하여 양의 우리에 들어가지 아니하고
다른 데로 넘어가는 자는 절도며 강도요

² 문으로 들어가는 이는 양의 목자라

3 문지기는 그를 위하여 문을 열고 양은 그의 음성을 듣나니
그가 자기 양의 이름을 각각 불러 인도하여 내느니라

4 자기 양을 다 내놓은 후에 앞서 가면
양들이 그의 음성을 아는 고로 따라오되

5 타인의 음성은 알지 못하는 고로
타인(他人)을 따르지 아니하고 도리어 도망하느니라

6 예수께서 이 비유로 그들에게 말씀하셨으나
그들은 그가 하신 말씀이 무엇인지 알지 못하니라

선한 목자

7 그러므로 예수께서 다시 이르시되
내가 진실로 진실로 너희에게 말하노니 나는 양의 문이라

8 나보다 먼저 온 자는 다 절도요 강도니

양들이 듣지 아니하였느니라

9 내가 문이니 누구든지 나로 말미암아 들어가면 구원을 받고
또는 들어가며 나오며 꼴을 얻으리라

10 도둑이 오는 것은 도둑질하고 죽이고 멸망시키려는 것뿐이요
내가 온 것은 양으로 생명을 얻게 하고
더 풍성히 얻게 하려는 것이라

11 나는 선한 목자(牧者)라
선한 목자는 양들을 위하여 목숨을 버리거니와

12 삯꾼은 목자가 아니요 양도 제 양이 아니라
이리가 오는 것을 보면 양을 버리고 달아나나니
이리가 양을 물어 가고 또 헤치느니라

13 달아나는 것은 그가 삯꾼인 까닭에 양을 돌보지 아니함이나

14 나는 선한 목자라
나는 내 양을 알고 양도 나를 아는 것이

15 아버지께서 나를 아시고 내가 아버지를 아는 것 같으니
나는 양을 위하여 목숨을 버리노라

16 또 이 우리에 들지 아니한 다른 양들이
내게 있어 내가 인도하여야 할 터이니

그들도 내 음성을 듣고 한 무리가 되어
한 목자에게 있으리라

17 내가 내 목숨을 버리는 것은
그것을 내가 다시 얻기 위함이니
이로 말미암아 아버지께서 나를 사랑하시느니라

18 이를 내게서 빼앗는 자가 있는 것이 아니라

내가 스스로 버리노라
나는 버릴 권세도 있고 다시 얻을 권세도 있으니
이 계명은 내 아버지에게서 받았노라 하시니라

---

¹⁹이 말씀으로 말미암아 유대인 중에 다시 분쟁이 일어나니

²⁰그 중에 많은 사람이 말하되
그가 귀신 들려 미쳤거늘 어찌하여 그 말을 듣느냐 하며

---

²¹어떤 사람은 말하되 이 말은 귀신 들린 자의 말이 아니라
귀신이 맹인의 눈을 뜨게 할 수 있느냐 하더라

쉼休

개역개정 · 신약성경 쓰기

④ 요한복음 상

초판 1쇄 발행 2021년 3월 6일

펴낸곳 우슬북
엮은이 김영기, 김우슬

출판등록 2019년 4월 1일(제568-2019-000006호)
주소 충남 당진시 송산면 유곡로 20
전화 010.5424.7706
이메일 hyssop2000@hanmail.net
총판 하늘유통(031.947.7777)

값 6,000원
ISBN 979-11-973755-2-1